Einsterns Schwester

4

Themenheft 2

Richtig schreiben

Herausgegeben von
Roland Bauer, Jutta Maurach

Erarbeitet von
Wiebke Gerstenmaier, Sonja Grimm

Cornelsen

Inhaltsverzeichnis

Lernportion 1
Im Wörterbuch nachschlagen

- Sich in einem Wörterbuch orientieren 5
- Nomen im Wörterbuch nachschlagen 6
- Verben im Wörterbuch nachschlagen 7
- Fremdwörter verstehen und richtig schreiben 8
- Einen Text verbessern 9
- Über das eigene Lernen nachdenken 10

Lernportion 2
Mit Silben arbeiten

- Wörter und Sätze mit Silbenbögen kontrollieren 11
- Texte mit Silbenbögen kontrollieren 12
- Mit Silben spielen 13
- Trennungsregeln wiederholen 14
- Trennungsregeln anwenden 15
- Über das eigene Lernen nachdenken 16

Lernportion 3
Merkwörter

M

- Sich Wörter mit ai merken 17
- Wörter mit Dehnungs-h zuordnen 18
- Wörter mit Y/y lernen 19
- Kleine Wörter üben 20
- Mit dem Merkwortfächer üben 21
- Über das eigene Lernen nachdenken 22

Lernportion 4
Ableiten und verlängern

- Wörter mit ä/äu ableiten 23
- Wörter mit ä/äu und e/eu unterscheiden 24
- Über Wörter mit ä nachdenken 25
- Wörter verlängern 26
- Wörter verlängern 27
- Wörter mit silbentrennendem h erkennen 28
- Über das eigene Lernen nachdenken 29

Lernportion 5
Groß- und Kleinschreibung

- Zeitangaben groß- oder kleinschreiben 30
- Verben als Nomen verwenden 31
- Die Groß- und Kleinschreibung üben 32
- Die Groß- und Kleinschreibung üben 33
- Mehrteilige Eigennamen großschreiben 34
- Über das eigene Lernen nachdenken 35

Lernportion 6
Kurze und lange Selbstlaute

- Kurze und lange Selbstlaute unterscheiden 36
- Wörter mit doppelten Mitlauten erkennen 37
- Wörter mit tz und z unterscheiden 38
- Wörter mit ck und k unterscheiden 39
- Über das eigene Lernen nachdenken 40

Lernportion 7
s-Laute

- Wörter mit s und ß unterscheiden 41
- Zusammengesetzte Nomen mit Fugen-s kennen 42
- „das" und „dass" unterscheiden 43
- Über das eigene Lernen nachdenken 44

Lernportion 8
Rechtschreibstrategien anwenden

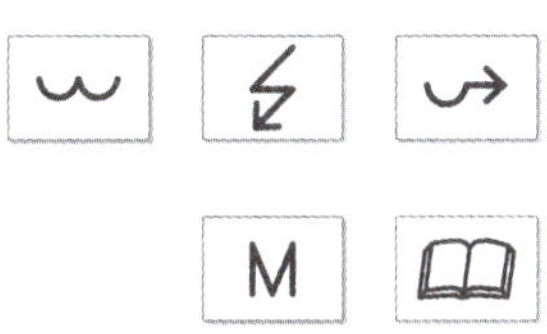

- Strategien wiederholen 45
- Die richtige Schreibweise finden 46
- Einen Text verbessern 47
- Strategien finden und Regeln anwenden 48
- Rechtschreibfehler verbessern 49
- Über das eigene Lernen nachdenken 50

Wörterliste 51

So kannst du mit den Heften arbeiten

Du machst alle
Seiten der Lernportion 1.

Zuerst im grünen Heft.

Dann im roten Heft.

Dann im gelben Heft.

Und dann im blauen Heft.

Danach machst du in
allen Heften die Lernportion 2.

Nun machst du in
allen Heften die Lernportion 3.

Genauso bearbeitest du
alle anderen Lernportionen.

1 Sich in einem Wörterbuch orientieren

1 In Wörterbüchern sind die Wörter nach dem **Alphabet** geordnet.
Die **Leitwörter** sind fett gedruckt, dahinter stehen die Nebenstichwörter.

2 Wiederhole das Alphabet.

a) Schreibe die Buchstaben mit ihrem direkten Vorgänger im Alphabet auf.

| ✱ M | ✱ F | ✱ Y | ✱ J | ✱ L | ✱ P | ✱ O |

b) Ordne die Wörter nach dem Alphabet.

Beruf ✱ beruhigen ✱ Berg ✱ Besuch ✱ berühmt ✱ Besen

c) Schreibe die beiden Wörter auf, die falsch eingeordnet sind.

setzen ✱ Seuche ✱ seufzen ✱ sich ✱ sicher ✱ Sichel ✱ Sieb

d) Schreibe alle Monatsnamen nach dem Alphabet geordnet auf.

Heft 2, S. 5 ②
a) LM, ...
b) der Berg, ...
c) ...
d) April, ...

3 Prüfe die Aussagen. Die Buchstaben vor richtigen Aussagen ergeben rückwärts gelesen ein Lösungswort.
Du kannst auch im Wörterbuch nachschlagen.

T Der Buchstabe **F** ist der sechste im Alphabet.
E Verben stehen im Wörterbuch in der Grundform.
L **L** ist der direkte Vorgänger von **N**.
B Im Wörterbuch sind alle Leitwörter fett gedruckt.
A Der Buchstabe **T** kommt vor **U**.
E Jedes Leitwort hat mindestens ein Nebenstichwort.
H Nomen stehen in der Einzahl, die Mehrzahlform steht dahinter.
S Ein Wörterbuch enthält alle Wörter der deutschen Sprache.
P Bei Nomen steht auch der Artikel im Wörterbuch.
L Nebenstichwörter haben meist denselben Wortstamm.
A Zusammengesetzte Nomen muss ich zerlegen und die einzelnen Teile nachschlagen.
S Bei einem Verb sind im Wörterbuch alle Personalformen aufgeführt.

1 Nomen im Wörterbuch nachschlagen

1 Schlage im Wörterbuch nach.

a) Finde zu jedem Nomen den Artikel.

Joghurt ✱ Galopp ✱ Bonbon ✱
Granit ✱ Karies ✱ Judo ✱ Lakritze

Heft 2, S. 6 ①
a) der/das Joghurt, …
b) die Traktoren, …

b) Finde die Mehrzahlformen.
Achtung!
Drei Wörter gibt es nur in der Einzahl.

der Traktor ✱ die Veranda ✱
der Speichel ✱ die Logik ✱
der Globus ✱ das Museum ✱
die Pizza ✱ die Liga ✱ der Auspuff ✱
der Spinat ✱ die Limonade

2 Finde zu den Nebenstichwörtern verwandte Wörter, unter denen du nachschlagen kannst.

die Kräfte ✱ der Händler ✱ die Jagd ✱
der Abschluss ✱ der Irrtum ✱
der Querschnitt ✱ die Mannschaft

Heft 2, S. 6 ②
die Kräfte: Kraft, …

3 Finde drei verschiedene Bedeutungen für die Wörter.

die Mine ✱ der Star

Heft 2, S. 6 ③
die Mine: Bleistiftmine, …

M das Alphabet
die Bibliothek
die Information
das Theater
das Thermometer
das Verb

→ AH Seite 7

Verben im Wörterbuch nachschlagen

1 **Personal- und Zeitformen** von Verben finde ich **bei der Grundform**:
es geschah (3. Person Einzahl, 1. Vergangenheit) steht bei geschehen (Grundform).
Verben muss ich ohne Wortbaustein nachschlagen: abwiegen unter wiegen.

2 Besprecht, bei welchen Grundformen ihr diese Verbformen findet.

es fährt * sie gab * gewunken * ausgießen *
er nahm * er schnitt * er aß * gesessen *
es hing * er griff * sie saß * sie grub * er schob

3 Schreibe zu den Nebenstichwörtern verwandte Wörter auf, unter denen du nachschlagen kannst.

gipsen * sich schlängeln * säubern * nummerieren *
kühlen * riskieren * ruhen * angeln * schwärmen *
blitzen * sich erkälten * hämmern

Heft 2, S. 7 ③
der Gips, ...

4 Schreibe aus dem Wörterbuch das Leitwort mit allen Nebenstichwörtern ab.
Markiere gleiche Wortstämme in derselben Farbe.

mahnen

kleben

hindern

beißen

hoffen

Heft 2, S. 7 ④
mahnen,
die Mahnung, ...

M er stieß
sie saß
er nahm
er fuhr
er griff
sie biss

→ AH Seite 7

1 Fremdwörter verstehen und richtig schreiben

❶ Schlage die Fremdwörter im Wörterbuch nach. Prüfe alle Schreibweisen, denn manchmal sind mehrere möglich.

Heft 2, S. 8 ①
der Passagier, …

der	Passaggier	Pasagier	Passaschier	Passagier
der/das	Joggurt	Jogurt	Johgurt	Joghurt
der	Paragrav	Pharapraph	Paragraph	Paragraf
der	Jurnalist	Schurnalist	Journalist	Jornalist
der	Dedektif	Dedektiv	Detektiv	Detektiw

❷ Finde die Fremdwörter in der Wörterliste auf den Seiten 51 bis 55.

Heft 2, S. 8 ②
Sk…

- ein Sportgerät mit vier Rollen, auf dem manche wahre Kunststücke vollbringen: S…
- ein Spiel, bei dem viele einzelne Teile zu einem Bild zusammengesetzt werden: P…
- die Befragung von wichtigen, berühmten oder interessanten Personen: I…
- die Bestellung einer regelmäßigen Lieferung von Zeitungen oder Zeitschriften: A…
- ein Tier, das seine Farbe der Umgebung anpassen kann: Ch…

❸

1 Einen Text verbessern

1 Schlage die markierten Wörter im Wörterbuch nach.
Schreibe sie richtig auf.

STOPP

Heft 2, S. 9 ①
gemütlich ✓ ...

Neu Öffnen Speichern Drucken

Liebe Mia!

Stell dir vor, was hier gestern los war! Wir saßen ganz gemühtlich auf der Terasse. Da gab es plötzlich einen wahnsinnigen Knall. Wir dachten sofort an die Pferde und liefen zum Stall. Tatsächlich hat Pedro wohl wirklich fast einen Hezschlag bekommen, denn er rannte mit voller Wucht gegen das Tor, sodass das Schanier aufbrach und er im Galopp über die Felder flüchtete.
Das war vielleicht eine Hecktik, die erwachsenen verfolgten Pedro, wärend wir Kinder versuchten, die anderen Pferde zu behruigen.

Dabei soll ich doch am Sonntag mit Berry am Reittunier teilnehmen. Hoffentlich klappt das jetzt überhaupt. Ich habe mich nämlich so darauf gefreut und gehofft, die Konkurrens hinter mir zu lassen und eine Medalje oder sogar einen Pokal zu holen. Drück mir bitte die Daumen!

Liebe Grüße, deine Lotte

PS: Was das für ein Knall war, wissen wir immer noch nicht!

Seitenlayoutansicht | Ab 1 | Seiten: 1 von 1 | Wörter: 0 von 0 | ÄND

2 Drei Fehler sind ähnlich.
Schreibe die Wörter auf und zeichne die Silbenbögen ein.

Heft 2, S. 9 ②
der Herzschlag, ...

1 Über das eigene Lernen nachdenken

Ergänze deine Lernraupe.

2 Wörter und Sätze mit Silbenbögen kontrollieren

1 Lies in Silben und schreibe alle zweisilbigen Wörter auf.
Zeichne die Silbenbögen ein und markiere die Silbenkerne.

Wasser * Strand * Meer * Wellen * Kapitän * Öl *
Seetang * Seegurke * Wattwanderung * Seeräuber *
Sandkorn * Bademeister * Kompass * Dampfschiff * Segelboot *
Seestern * Muschel * Seebär * Pirat * Perle * Mast *
Matrose * Säbel * Pistole * Kanone * Tanker

Heft 2, S. 11 ①
Wasser, ✓ ...

2 Merke dir immer ein zusammengesetztes Nomen.
Schreibe es dann auswendig auf. Sprich dabei
in Silben. Kontrolliere mit Silbenbögen.

* die Seifenblubberblasenmaschinenreparatur
* der Gummientenweitwurfwettbewerb
* der Badewannenwassertemperatursturz

Heft 2, S. 11 ②
die Seifenblubber... ✓

3 Schreibe die Sätze und kontrolliere mit Hilfe
der Silbenbögen.

Annabella Angelfix wirft eilig ihr Fischernetz über Bord.

Wendolin Wassermann watschelt durch das Wattenmeer.

Serafina entfernt dreiundzwanzig winzige Seeigelstacheln mit einer Pinzette.

Heft 2, S. 11 ③
Annabella Angelfix ... ✓

4 Bringe die Silben in die richtige Reihenfolge.

das mannsSeegarn

die fraujungMeer

der schwimtungsRetmer

der karaPipitentän

der bauKlamannter

die uMasenformtroni

Heft 2, S. 11 ④
das Seemannsgarn, ...

die Reparatur	reparieren
die Temperatur	empfinden
die Spezialität	geschehen

→ AH Seite 13, 14

2 Texte mit Silbenbögen kontrollieren

1 Lies den Text.

a) Schreibe alle acht Nomen, die mehr als drei Silben haben, mit Artikel auf.

Heft 2, S. 12 ①
a) die Einmachgläser, ✓ …
b) …

Er befand sich jetzt in einem langen, finsteren Korridor, an dessen Wänden in hohen Gestellen hunderte und tausende von großen Einmachgläsern standen. Es war die Sammlung, die er sein „Naturkundemuseum“ nannte. In jedem dieser Gläser befand sich ein gefangenes Elementargeistchen. Da gab es alle Sorten von Zwergen, Heinzelmännchen, Koboldchen und Blumenelfen, daneben Undinen und kleine Nixen mit bunten Fischschwänzchen, Wassermännlein und Sylfen, sogar ein paar Feuergeisterchen, Salamander genannt, die sich in Irrwitzers Kamin versteckt gehalten hatten.

Michael Ende

b) Finde die Nomen mit diesen Silbenkernen im Text.

Ei a ä e   ei e ä e   a e ä ei

2 Schreibe den Text als Schleichdiktat. Kontrolliere die für dich schwierigen Wörter mit Silbenbögen.

Heft 2, S. 12 ②
Der Zauberer saß …

Der Zauberer saß | in einem geräumigen Ohrenbacken-
sessel, | den vor vierhundert Jahren |
ein handwerklich begabter Vampir | eigenhändig aus Sargbrettern |
geschreinert hatte. | Die Polster bestanden aus Werwolfsfellen, |
die freilich inzwischen schon |
ein wenig schäbig geworden waren. |
Die Pfeife, aus der er rauchte, | stellte einen kleinen
Totenkopf dar, | dessen Augen aus grünem Glas | bei
jedem Zug aufglühten. | Die Rauchwölkchen bildeten
in der Luft | allerlei seltsame Figuren: | Zahlen und
Formen, | sich ringelnde Schlangen, | Fledermäuse,
kleine Gespenster, | aber hauptsächlich Fragezeichen.

Michael Ende

beobachten
Interesse
Geheimnis
Museum
interessant
aufmerksam

Mit Silben spielen

1 Schreibe die sechs Titel der Geschichten richtig auf.

Die doks O po del | weiß Schnee chen und sen rot Ro

sel Hän und tel Gre | ter Räu ja Ron ber toch

ckie Wi und ner ken Män die star | rix te As und lix be O

Heft 2, S. 13 ①
Die Opodeldoks, …

2 Schreibe die Wörter richtig auf. Markiere die Silbenkerne.

das B*ch * das B*ch*rr*g*l * die B*bl**th*k *
das *nh*ltsv*rz*chn*s * der V*rl*g * das C*v*r

der Klppntxt * das Mrchn * der Cmc *
die Ztschrft * das Ttlbld * die Hrbchr

Heft 2, S. 13 ②
a) das Buch, …
b) der Klappentext, …

3 Lest das Gedicht mit allen Silbenkernen. Übt mehrmals.

Das Finkennest

*ch f*nd einm*l ein F*nk*nn*st,
*nd *n demselben l*g d*r R*st
v*n *n*m Krim*nalr*man.
Nun s*h m*l *n: Der F*nk k*nn l*s*n!
K*n W*nder, *s *st *n Buchfink g*w*s*n.

Heinz Erhardt

4 Finde die Nomen mit diesen Silbenkernen im Text.

a ea e | Ei i a e | a e i e

au ie e | ea e au ü u | au ei a

Heft 2, S. 13 ④
Stadttheater, …

Zur Theateraufführung fährt die Klasse 4b mit der Straßenbahn. Vor dem Haupteingang des Stadttheaters verteilt Frau Mai die Eintrittskarten. Nach der Vorstellung haben die Kinder die einmalige Möglichkeit, den Regisseur und die Schauspieler, die Bühnenbildner und die Maskenbildner zu treffen und zu befragen.

2 Trennungsregeln wiederholen

1 Wiederholt die Trennungsregeln.

a) Setzt die Trennungsregeln richtig zusammen und schreibt sie auf. Lasst nach jeder Regel zwei Zeilen frei.

Heft 2, S. 14 ①, ②
Trennungsregeln
Zweisilbige und …

Zweisilbige und mehrsilbige Wörter trenne ich

ein Buchstabe aber nie alleine stehen!

Achtung! Beim Trennen von Wörtern darf

immer zusammen.

Einsilbige Wörter

meist wie beim Silbensprechen.

Beim Trennen von ck-Wörtern bleibt das ck

zwischen t und z.

Wörter mit tz trenne ich

kann ich nicht trennen.

b) Findet zu den Trennungsregeln die passenden Beispielwörter. Schreibt sie mit ihren Trennstrichen in die freien Zeilen.

Wagen * legen * Scheibenwischer

witzig * sitzen * motzen * Pfütze

oben * über * Opa * Igel * Esel

packen * Decke * lecker * wickeln

Obst * Mais * Welt * Witz * alt

ba-cken
ent-wi-ckeln
schme-cken
set-zen
schüt-zen
krat-zen

2 Findet zu jeder Regel weitere Beispielwörter und ergänzt sie in **1**.

2 Trennungsregeln anwenden

ω

1 Schreibe alle Nomen mit Trennstrichen auf.
Beachte die Trennungsregeln von Seite 14.

Heft 2, S. 15 ①
On-kel, Pe-ter, Di-...

Mein Onkel Peter ist Dirigent. Er arbeitet an der Oper und leitet dort das Orchester. Seine wichtigsten Arbeitsmittel sind die Notenpartituren und seine verschiedenen Taktstöcke. Mit deren Hilfe gibt er all den Musikern mit ihren unterschiedlichen Instrumenten deutliche Zeichen, damit sie ihre Einsätze nicht verpassen und an den richtigen Stellen lauter oder leiser spielen. Die Musiker sitzen im Orchestergraben unten vor der Bühne, auf der die Sänger die Stücke aufführen. So lenken sie die Aufmerksamkeit des Publikums nicht von der Bühne ab. Erst am Ende dürfen auch sie sich richtig zeigen, sich verbeugen und ihren Applaus in Empfang nehmen.

2 Ordne den Bildern die Orff'schen Instrumente zu.
Schreibe sie mit Trennstrichen auf.

Heft 2, S. 15 ②
A: Schel-len-ring
B: ...

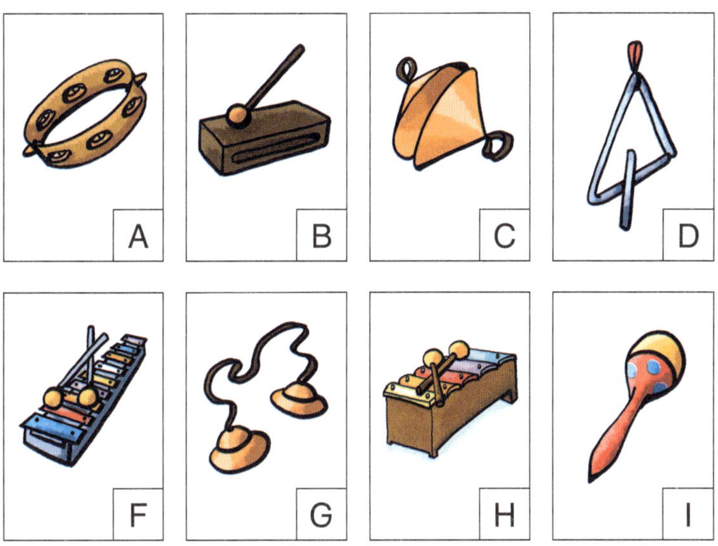

Triangel · Rassel · Glockenspiel · Schellenring · Xylophon · Holzblocktrommel · Zimbeln · Klanghölzer · Becken

3 Schreibe die drei Wörter auf, die du nicht trennen kannst.

Heft 2, S. 15 ③
...

Trompete ✦ Gitarre ✦ Cello ✦
Posaune ✦ Klavier ✦ Geige ✦
Klarinette ✦ Bass ✦ Bratsche ✦
Flöte ✦ Waldhorn ✦ Oboe ✦
Harfe ✦ Tuba ✦ Pauke ✦ Gong

2 Über das eigene Lernen nachdenken

Ergänze deine Lernraupe.

3 Sich Wörter mit ai merken

M

1 Finde zehn Nomen mit **ai**. Schreibe sie mit Artikel auf.
Manche Buchstaben musst du mehrmals benutzen.
Die Bilder helfen dir.

Heft 2, S. 17 ①
die Waise,✓...

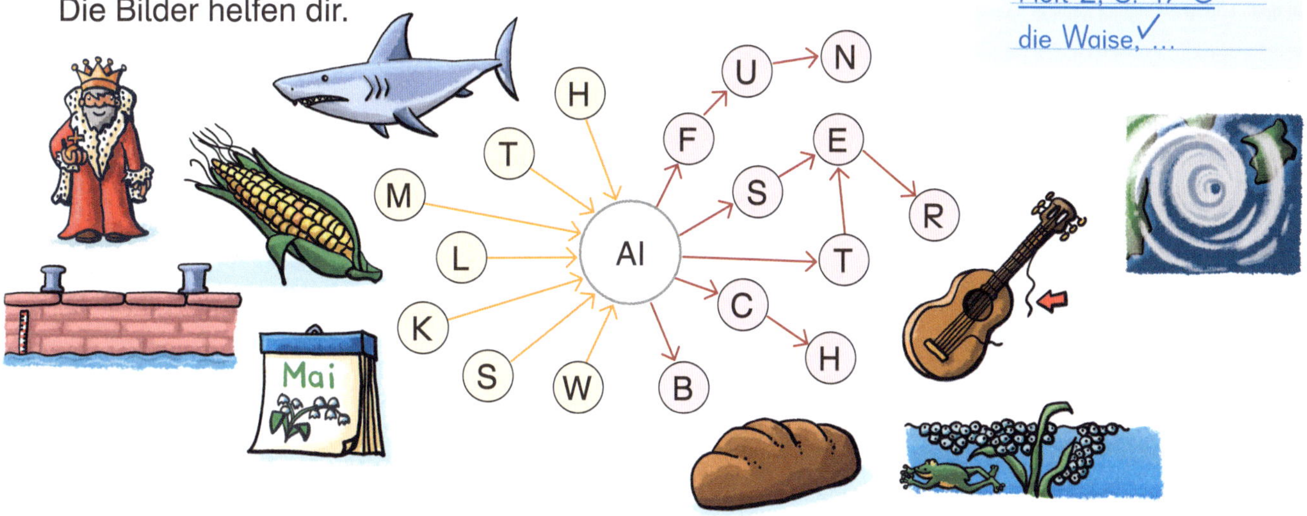

2 Bastle einen Merkwortfächer.

- Falte zwei DIN-A4-Blätter so:

- Schneide die Papierstreifen an den Faltlinien entlang durch.

- Lege alle Papierstreifen aufeinander und loche sie einmal oben.

- Verbinde alle Papierstreifen mit einer Musterklammer.

3 Schreibe alle **ai**-Wörter dieser Seite nach dem Alphabet geordnet auf den ersten Papierstreifen.
Markiere die Merkstelle.

4

M Mais
Kaiser
Brotlaib
Froschlaich
Taifun
Kai

3

M

Wörter mit Dehnungs-h zuordnen

1 Sortiere die Wörter mit **äh**, **öh** und **üh**.

a) Schreibe jeweils eine Wortliste auf einen Papierstreifen deines Merkwortfächers.

Merke dir,
das Dehnungs-h bleibt immer
bei seinem Selbstlaut oder Umlaut,
z. B. zähmen, Nadelöhr,
ausführlich.

w★★rend f★★ren erw★★nen vers★★nen die R★★re

die M★★re die ★★re die H★★le die Z★★ne die M★★le fr★★lich

die M★★ne der Fr★★ling gew★★nlich allm★★lich g★★nen

ber★★mt die Dr★★te ungef★★r dr★★nen die W★★rung k★★l

st★★nen die Str★★ne die Geb★★r r★★ren verw★★nen

gef★★rlich f★★len erz★★len g★★nen w★★len die F★★re

b) Setze Silbenbögen unter die Wörter.
Markiere die Merkstelle.

2 Schreibe aus deinen Listen Reimwortketten in dein Heft.

Zweier-Ketten | Dreier-Ketten | Vierer-Ketten

Heft 2, S. 18 ②
Zweier-Ketten: Föhre – Ähre, …
Dreier-Ketten: …
Vierer-Ketten: …

3

M kühl
fröhlich
gähnen
ungefähr
bohren
belohnen

3 Wörter mit Y/y lernen

M

1 Wörter mit y muss ich mir merken. Oft sind es Fremdwörter.
Das y wird unterschiedlich ausgesprochen:
wie **ü**: Gymnastik wie **i**: Pony wie **j**: Yoga

2 Sprecht die Wörter.
Sortiert sie nach ihrem Laut.

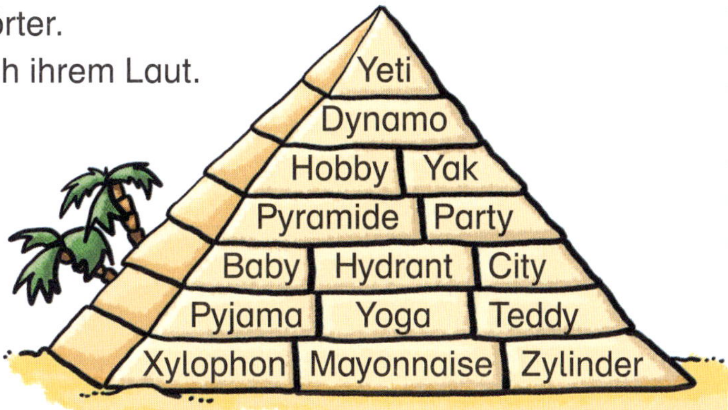

Heft 2, S. 19 ②
Y wie ü: Dynamo, ...
Y wie i: City, ...
Y wie j: Yeti, ...

3 Übe die Wörter mit **Y/y** aus ②. Zeichne dazu eine Tabelle mit drei Spalten. Finde zu jedem Nomen die Mehrzahl mit Hilfe der Wörterliste und schreibe einen Beispielsatz auf.

Nomen	Mehrzahl	Beispielsatz
der Yeti	die Yetis	Den Yeti gibt es nicht wirklich.
das Hobby	die Hobbys	Mein Hobby ist ...
...	...	...

4 Schreibe alle Wörter mit **Y/y** von dieser Seite auf einen Papierstreifen deines Merkwortfächers.

M Zylinder
Pyramide
Hydrant
Pyjama
Yoga
Dynamo

3 Kleine Wörter üben

M

1 Der Computer gibt dir fünf Aufgaben zur Auswahl.
Wähle drei Aufgaben aus und bearbeite sie.

Heft 2, S. 20 ①
...

Sortiere die Wörter nach der Silbenanzahl. Setze Silbenbögen.

Schreibe alle Wörter mit doppeltem Mitlaut auf.

dann, jetzt, wann, paar, wir, vor, bald, bloß, mehr,
denn, wenn, von, vom, sehr, nämlich, während,
ihr, ihre, ihres, ihren, ihm, ihn, ihrem, mir, ohne, dir, als, und,
ganz, endlich, falls, der, das, ist, nach, nächste, nirgends,
ins, über, am, um, uns, wirklich, eine, einer, ein, eines,
sich, dem, es, bisschen, an, ab, aber

Sortiere alle Wörter nach ihrem Silbenkern.

Sortiere die Wörter nach der Buchstabenanzahl.

Übe die Wörter in einem Schleichdiktat.

2 Finde alle kurzen Wörter in **1**, die aus zwei oder drei Buchstaben bestehen.
Schreibe sie auf einen Papierstreifen deines Merkwortfächers.

3 Mit dem Merkwortfächer üben

1 Übe mit einem Partnerkind die Wörter aus dem Merkwortfächer.
Wähle eine Möglichkeit aus.

Auf Zeit schreiben

Entscheidet euch für eine Seite aus dem Merkwortfächer.
Schreibt zwei Minuten lang alle Merkwörter auf,
die euch dazu noch einfallen.
Wählt weitere Seiten aus.

Partnerdiktat

Diktiert euch gegenseitig die Wörter einer Seite.
Beide Partner dürfen dabei keinen Fehler machen.
Das Kind, welches diktiert, gibt sofort einen stummen Hinweis,
sobald es einen Fehler entdeckt.

Bildet Unsinnssätze mit den Wörtern aller Fächerkarten

Sucht von jeder Karte ein Wort aus.

Rätsel

Stellt euch gegenseitig Rätsel zu den Wörtern aus dem Merkwortfächer.
- Lückenwörter: M_hr_ (= Möhre)
- Wörter zu Silbenkernen suchen: ai e Kaiser, Waise, ...
- Nomen beschreiben: „Mein Nomen hat drei Silben. Es blüht im Frühling. Es ist weiß."
- Strichbild: |i|| = bald, ...
-

2

3 Über das eigene Lernen nachdenken

Ergänze deine Lernraupe.

4 Wörter mit ä/äu ableiten

↯

1 Finde Ableitungen.

a) Ordne die **ä**-Wörter nach ihren Wortarten und leite ab.

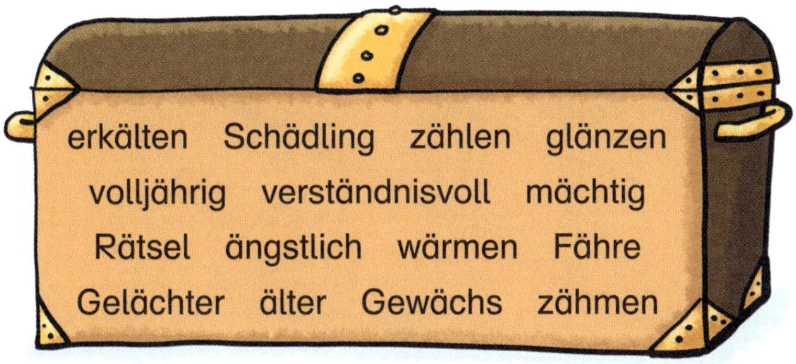

Heft 2, S. 23 ①

Nomen	Verben	Adjektive
Schädling ↯	erkälten ↯	volljährig ↯
der ...	kalt, ...	das Jahr, ...

b) Finde zu jeder Wortart mindestens ein **äu**-Wort und leite es ab. Du kannst auch die Wörterliste nutzen.

Wenn ein Wort mit **ä** oder **äu** von einem Wortstamm mit **a** oder **au** abgeleitet werden kann, gilt das Zeichen ↯ für ableiten.

2 Schreibe zu den Wörtern ein Ableitungswort mit **a**/**au** und weitere verwandte Wörter mit **ä**/**äu**. Du kannst das Wörterbuch nutzen.

Heft 2, S. 23 ②
↯ der Drang:
drängen, bedrängt, das Gedränge ...

- ↯ ? drängen bedrängt ☆
- ↯ ? verträumt träumen ☆
- ↯ ? gefährlich die Fährte ☆
- ↯ ? wärmen gewärmt ☆
- ↯ ? unzählig verzählen ☆

3

↯ häufig
ängstlich
Gebäude
kräftig
nähen
ernähren

4 Wörter mit ä/äu und e/eu unterscheiden

1 Prüfe, ob du **eu** oder **äu** schreibst.
Schreibe die verwandten Wörter mit **au** dazu.

Heft 2, S. 24 ①
das Gemäuer ⚡ die Mauer ✓ …

2 Prüfe, ob du ableiten kannst.
Setze dann **e** oder **ä** ein.
Schlage unbekannte Wörter im Lexikon nach.

Heft 2, S. 24 ②
a) 1. die Wälle ⚡ der Wall ✓
2. die Welle ✓
b) …

a) 1. Als Grenze bauten die Römer aus Erde W✶lle.
2. Die Surfer warten auf die perfekte W✶lle.

b) 1. Bisons lieferten den Indianern F✶lle.
2. Der Kommissar löst kriminalistische F✶lle.

c) 1. Das Taxi wartet wie immer an derselben St✶lle.
2. Der Bauer bringt abends die Tiere in die St✶lle.

d) 1. Die Prinzessin tanzt auf vielen B✶llen.
2. Der Hundetrainer verbietet dem Hund das B✶llen.

e) 1. Der Segler macht sich bereit zur W✶nde.
2. Ein Malermeister verschönert die W✶nde.

3

4 Über Wörter mit ä nachdenken

M

1 Einige Wörter mit **ä** können nicht von einem verwandten Wort abgeleitet werden: der Lärm, der Käse. Diese Wörter musst du dir merken.

2 Lies den Text.

Heft 2, S. 25 ②
tagtäglich ⇐ der Tag, …

„Tagtäglich dasselbe!“, schimpft Herr Martinek. „Regelmäßig kommst du zu spät zum Unterricht. Das ist ungefähr das vierte Mal in diesem Monat, und wir haben heute erst den zwölften März! Allmählich reicht es mir, dass du so langsam ins Klassenzimmer geschlurft kommst. Länger schaue ich mir das nicht mit an!“ „Entschuldigung“, stammelt Kaya und schaut sich ängstlich um. Gequält ringt sie sich ein müdes Lächeln ab und setzt sich zu den anderen Mädchen an den Gruppentisch. „Hast du verschlafen?“, fragt Lotta während der Pause, als sie Kaya beim Verlassen des Schulgebäudes gähnen sieht. „Bist wohl unfähig, deinen Wecker zu bedienen!“, raunt Hannes ihr böse zu. „Alles Käse“, brüllt Kaya mächtig laut zurück, „ihr habt doch keine Ahnung, wie das ist, wenn man die Älteste ist und seine Geschwister morgens gleich in zwei Kindergärten bringen muss. Ich kann es nicht ändern, dass meine Eltern früh zur Arbeit müssen.“ Da dreht sich Herr Martinek um. „Doch, ich weiß, wie es ist!“ Er sieht Kaya an: „Wir finden eine Lösung!“, und dann erzählt er, wie es bei ihm war.

a) Schreibe die Wörter mit **ä** heraus, die du von einem verwandten Wort ableiten kannst.

b) Schreibe die Merkwörter mit **ä** auf einen Papierstreifen deines Merkwortfächers.

3 Ergänze die Fächerkarte mit Merkwörtern aus dem Lernwortkasten und der Wörterliste auf den Seiten 51 bis 55.

M nächster
Märchen
Träne
vorwärts
Lärm
Geschäft

4 Wörter verlängern

1

Am Silben- oder Wortende kann ich die richtige Schreibweise oft nicht hören.
Dann **verlängere** ich das Wort durch **Weiterschwingen**:
Am **Wortende** höre ich dann b oder p, d oder t, g oder k:
der Zwer_ → Beweis: die Zwerge Lösung: der Zwerg
Einen **doppelten Konsonanten** höre ich dann in zwei Silben:
das Fe_ → Beweis: die Felle Lösung: das Fell
Bei **Verben mit ng oder nk** in der 3. Person Einzahl höre ich g oder k
in der Grundform:
sie sin_t → Beweis: singen Lösung: sie singt
Bei **Wörtern mit silbentrennendem h** verlängere ich einsilbige Wörter:
er zie_t → Beweis: ziehen Lösung: er zieht

2 Finde die richtige Schreibweise.
Verlängere dazu die Wörter oder Wortstämme.

Der Hun* be*t laut.
Die Klavierstunde begi*t später.
Mike wünscht sich ein rotes Re*auto.
Der Trampelpfa* führt auf den Ber*.
Der Die* trä*t eine dunkle Maske.
Der Hase flie*t schne* vor dem Fuchs.
Die Brü*affen sind heute stu*.
Der Schu* ste*t hinten im Wan*regal.

Heft 2, S. 26 ②
der Hund → die Hunde ...
bellt → bellen
...

3 Findet eigene Wörter, bei denen das Verlängern eine Rechtschreibhilfe ist.
Nehmt ein kariertes DIN-A4-Blatt quer und legt eine Tabelle an.
Schlagt in der Wörterliste auf den Seiten 51 bis 55 und im Wörterbuch nach.

b/p – d/t – g/k	doppelter Mitlaut	Verb mit ng/nk	silbentrennendes h
der Dieb	dünn	sie singt	er geht
...	...	...	...
...	...	...	...

4 Finde im Text die 14 Fehler.
Verlängere die Wörter und beweise so die richtige Schreibweise.

Heft 2, S. 27 ④
er fegt → fegen ✓ ...

Heute muss ich Vater helfen. Er fekt wie wilt im Haus umher. ||
Selbst die Blatläuse schnipt er von den Pflanzen ab und kehrt noch rasch ||
den Staup unter den Teppichen hervor. Im Bat wienert er die Fliesen. ||
Der Lieferservice brinkt schnel ein paar Blumen und der Gril |||
stet einsatzbereit im Schuppen. Da komt Mutter nach Hause. ||
Sie schaut sich um, schmunzelt verliept und ruft meinem Vater zu: |
„Tol hast du geputzt, aber Muttertak ist erst nächsten Sonntag!" ||

5 Finde passende Schwungmuster.

Heft 2, S. 27 ⑤ a)
der Schwimmflügel: schwimmen

a) Schreibe auf und verlängere.

Schwimmflügel ✱ Puppenbett ✱ Haselnussschokolade ✱ Kuhstall ✱ Vollkornbrötchen ✱ Tollpatsch ✱ Stehtisch ✱ Nudelsieb ✱

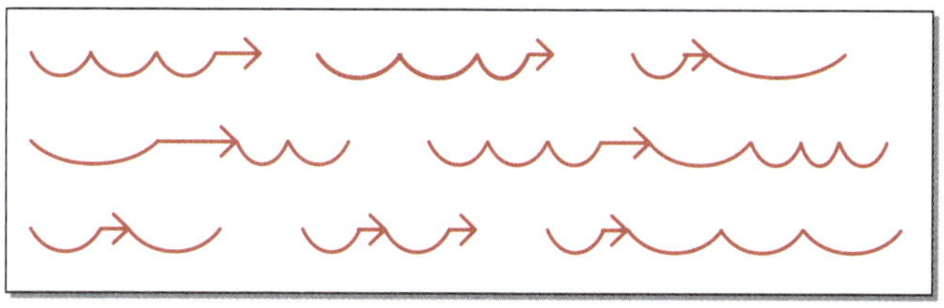

b) Finde zu jedem Schwungmuster aus a) ein eigenes Wort.

Heft 2, S. 27 ⑤ b)
Handschuh ...

6

tausend
Strand
er zieht
es passt
es hängt
er rennt

→ AH Seite 28

4 Wörter mit silbentrennendem h erkennen

1 Lies die beiden Sätze in Silben und schreibe sie mit Silbenbögen auf.

Heft 2, S. 28 ①
Die Rehe …

| Die Rehe stehen ruhig auf der Lichtung. |

| Die Pferde wiehern leise. |

2 Lest diesen Satz in Silben.
Vergleicht die Wörter mit **h** mit den Wörtern aus **1** und besprecht den Unterschied.

M | Zwei Hasen stellen die Ohren auf und rühren sich nicht. |

3 Sprecht die Wörter in Silben.
Schreibt die Wörter mit Silbenbögen auf, in denen das **h** gesprochen wird.

Heft 2, S. 28 ③
Kühe, …

Kühe | blühen | Mähne | Zehen

gähnen | drehen

zähmen | wiehern

4 Manchmal kann man das stumme **h** am Silbenende durch Verlängern hörbar machen.

a) Lies den Text und schreibe alle Wörter mit **h** untereinander.

b) Mache das **h** durch Weiterschwingen hörbar und schreibe auf, wie du verlängert hast.

Heft 2, S. 28 ④
früh → früher,
Zeh → …

Heute wacht Tom früh auf. Doch als er aus dem Bett springt, stößt er sich den großen Zeh. Dann kann er seinen Schuh nicht finden. Er bemüht sich, sieht überall nach, dreht die Kissen um und zieht sogar die Decke vom Bett. Bestimmt hat sein Bruder den Schuh versteckt. Das verzeiht Tom ihm nicht. Jetzt kommt er doch zu spät zum Training.

4 Über das eigene Lernen nachdenken

Ergänze deine Lernraupe.

5 Zeitangaben groß- oder kleinschreiben

1

Die Namen der **Wochentage** und **Tageszeiten** sind Nomen.
Diese schreibe ich **groß**: der Montag, der Nachmittag
Zusammengesetzte Nomen aus Wochentag und Tageszeit
schreibe ich groß: der Montag + der Abend = der Montagabend
Manchmal werden **Zeitangaben nicht als Nomen** verwendet.
Dann schreibe ich sie **klein**: morgens, mittwochs, vorgestern

2 Schreibe zu den Nomen die passende kleingeschriebene Zeitangabe. Ergänze eigene Beispiele.

der Morgen | der Vormittag | in der Nacht

am Donnerstag | am Mittwoch

Heft 2, S. 30 ②
der Morgen – morgens, ...

3 Wähle passende Zeitangaben aus.
Entscheide, ob du groß- oder kleinschreiben musst.

AM ABEND ✶ AM DONNERSTAG ✶
FREITAG ✶ JEDEN MORGEN ✶
MITTWOCHS ✶ MITTWOCHABENDS ✶
MORGENS ✶ NACHMITTAGS ✶
SONNTAGMORGEN ✶ FREITAGS ✶
AM NACHMITTAG ✶ ABENDS ✶
JEDEN MONTAG ✶ VORMITTAGS

Heft 2, S. 30 ③
Jeden Morgen frühstücke
ich schnell. Nur ...

- ✶ ___ frühstücke ich schnell.
  Nur am ___ habe ich viel Zeit.
- ✶ Der ___ ist ein schöner Tag. Ich habe ___ Ballett
  und ___ darf ich länger aufbleiben.
- ✶ Mit meiner Freundin gehe ich immer ___ ins Hallenbad,
  ___ darf sie dann bei mir schlafen.
- ✶ ___ gehe ich besonders gerne in die Schule,
  denn ___ haben wir zwei Stunden Sport.

vorgestern
nachts
abends
am Vormittag
mittags
der Freitagmorgen

5 Verben als Nomen verwenden

1

Verben können zu Nomen werden. Oft steht ein Artikel davor.
Das Hüpfen macht mir Spaß.
Manchmal ist der Artikel versteckt: **beim (= bei dem)** Schaukeln
Weitere versteckte Artikel sind: am, ans, aufs, im, ins, vom, zum

2 Schreibe zum Bild Sätze, in denen das Verb zum Nomen wird.
Verwende die Wörter in den Kästchen.

Heft 2, S. 31 ②
Sophie verliert beim Rennen …
…

das | beim | vom | im | zum | ins

klettern | rennen | drehen | rutschen

schaukeln

essen

3 Finde mit Hilfe der Wortkärtchen eigene Sätze, in denen das Verb zum Nomen wird.

Heft 2, S. 31 ③
…

essen | aufstehen | zuhören

bauen | grübeln | träumen

4

5 Die Groß- und Kleinschreibung üben

Das Wortanfangsdiktat

1. Ein Kind diktiert mir einen Satz.
2. Nun frage ich für jedes Wort die Regeln der Groß- und Kleinschreibung ab.

Du kennst Nomen, Verben und Adjektive. Alle anderen Wörter heißen hier Restwörter. Schreibe sie klein.

Satzanfang? Nomen? Verb? Adjektiv? Restwort?

3. Ich schreibe **untereinander nur die Wortanfänge** groß oder klein auf: Diktierter Satz: DAS SCHAF STEHT TRAURIG IM GRAS.

Ich frage die Groß- oder Kleinschreibung ab.

	Ich spreche:	Ich schreibe:
DAS	Satzanfang → groß	D
SCHAF	Nomen → groß	S
STEHT	Verb → klein	s
TRAURIG	Adjektiv → klein	t
IM	Restwort → klein	i
GRAS.	Nomen → groß	G

1 Probiert es mit den folgenden Sätzen auf einem karierten DIN-A4-Blatt aus. Diktiert abwechselnd. Schreibt wie im Beispiel untereinander.

DAS KLEINE SCHAF RITA LEBT AM MEER.
RITA HAT KEINE LUST, TAG UND NACHT VOR SICH HIN ZU FRESSEN.
RITA STEHT OBEN AUF DEM DEICH UND SCHAUT IN DIE FERNE.
IRGENDWO HINTER DEM WEITEN HORIZONT SIND DIE ORTE IHRER TRÄUME.

MARTIN KLEIN

Das Legediktat

1. Ein Kind diktiert mir einen Satz.
2. Nun lege ich mit rechteckigen Kärtchen diesen Satz nach.

Ich spreche dabei mit und denke an den Satzanfang und die Wortarten.

Diktierter Satz: Rita guckt übers Wasser und träumt.

Ich lege:

Ich spreche:

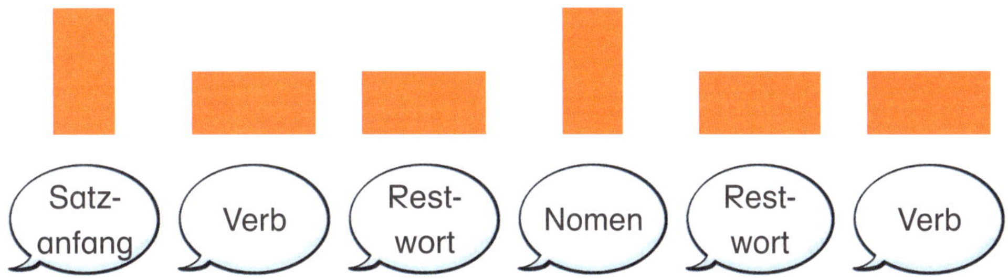

2 Diktiert euch gegenseitig die Sätze. Legt dazu das passende Satzmuster.

RAUBSCHAFE FÜRCHTEN WEDER SCHÄFERHUNDE NOCH BULLTERRIER.

NICHT WEIT ENTFERNT LEBT IN DER STADT DAS MEERSCHWEIN RUTH.

DIE MENSCHEN FINDEN ROSETTENMEERSCHWEINE GANZ BESONDERS NIEDLICH.

3 Diktiert euch gegenseitig die Sätze. Entscheidet, ob ihr mit dem **Wortanfangsdiktat** oder mit dem **Legediktat** diesen Text über Ritas Meerschwein-Freundin Ruth üben wollt. Das Partnerkind kontrolliert nach jedem Satz.

Ruth verbringt ihre Tage in einem kleinen Käfig.
Es gibt darin nichts als einen Unterschlupf. Er sieht aus wie ein Fliegenpilz. Und einen Futternapf in Herzform. Und jede Menge Sägespäne. Sie gehört einem Jungen namens Johann. Johann liebt sein Rosettenmeerschwein. Johann hält Ruth für sehr scheu.

Martin Klein

→ AH Seite 36

5 Mehrteilige Eigennamen großschreiben

Es gibt **Eigennamen**, die **aus zwei Teilen** bestehen.
Dann schreibe ich **das Nomen** und **das Adjektiv** groß.
der Atlantische Ozean, der Kleine Bär

1 Ergänze die Sätze wie im Beispiel.

Adjektive	**Nomen**
nah ✶ pazifisch ✶ groß ✶ vereinigt ✶ weiß	Staaten ✶ Osten ✶ Ozean ✶ Haus ✶ Wagen

Heft 2, S. 34 ①
1 Zum Nahen Osten gehören …
2 …

1 Zum ___ ___ gehören die Länder Saudi-Arabien und Oman.

2 Das ___ ___ steht in Washington, der Hauptstadt der USA.

3 Der ___ ___ ist das größte Weltmeer der Erde.

4 Der ___ ___ ist ein Sternbild am Nachthimmel.

5 Die USA werden auch als ___ ___ von Amerika bezeichnet.

2 Schreibe nur die Eigennamen auf.

Heft 2, S. 34 ②
…

der (O/o)lympische Wettkampf

der (D/d)eutsche Bundestag

das (I/i)ndische Essen

das (R/r)ote Meer

die (L/l)ange Museumsnacht

3 Findet weitere Beispiele zu zweiteiligen Eigennamen.
Seht dazu im Lexikon, in Zeitschriften oder im Internet nach.

Heft 2, S. 34 ③
…

5 Über das eigene Lernen nachdenken

Ergänze deine Lernraupe.

6 Kurze und lange Selbstlaute unterscheiden

1 Nach einem kurzen, betonten Selbstlaut (Vokal) folgen meist zwei oder mehr Mitlaute (Konsonanten). Das können gleiche, aber auch verschiedene sein: der Wald, das Wasser, die Katze, packen.
Nach einem langen Selbstlaut folgt meist nur ein Mitlaut: der Wal, haben.

2 Schreibe die Nomen auf. Kennzeichne den kurzen Selbstlaut mit einem Punkt. Markiere die folgenden Mitlaute farbig.

Heft 2, S. 36 ②
die Hand ✓ ...

3 Schreibt nur die Wörter auf, in denen der Selbstlaut kurz gesprochen wird. Markiert wie in 2.

Heft 2, S. 36 ③
A: der Ast, ...
E: ...

A: Gras ✱ Hase ✱ Schaf ✱ Vase ✱ Ast ✱ Gas ✱ lahm ✱ Ratte ✱ Rabe ✱ rasen ✱ mager ✱ Tag

E: Mehl ✱ Schnecke ✱ Weg ✱ Steg ✱ geben ✱ Rebe ✱ leben ✱ Zehe ✱ fehlen ✱ Welle ✱ wenig

I: Tiger ✱ Brief ✱ Liebe ✱ Sieb ✱ ihr ✱ viel ✱ Kiste ✱ lieben ✱ Igel ✱ Biber ✱ immer

O: Moos ✱ Bohne ✱ Soße ✱ loben ✱ Wolle ✱ Robe ✱ Ross ✱ los ✱ Oma ✱ Ofen ✱ oben

U: Schuhe ✱ Fuß ✱ Tube ✱ Ufer ✱ Ufo ✱ lustig ✱ Schmutz ✱ Ruhe ✱ Schule ✱ Gruß

4 Findet zu jedem Selbstlaut weitere Wörter mit kurzem und langem Selbstlaut.

Frieden	bisschen
Miete	Stille
riechen	richtig
schwierig	stimmen

6 Wörter mit doppelten Mitlauten erkennen

1 Wenn ich einen doppelten Mitlaut (Doppelkonsonant) am Wort- oder Wortstammende schlecht höre, kann mir das Weiterschwingen helfen.
Kamm – die Kämme, voll – ein voller Bus,
Treffpunkt – treffen, schwimmt – schwimmen

Außerdem kannst du die Länge des Selbstlautes und die Anzahl der Mitlaute überprüfen.

2 Verlängere durch Weiterschwingen.
Kennzeichne den kurzen Selbstlaut.

schnell | Nuss | brennt | dumm
kennt | Bett | Stamm | voll | stellt

Heft 2, S. 37 ②
schnell → das schnelle Boot
…

3 Verlängere durch Weiterschwingen.
Schreibe auf, wie du verlängert hast.

Mein kleiner Bruder brü✱t vor Wut.
Er hat seine Lieblingssendung verpa✱t.
Er schna✱t sich die Fernbedienung, re✱t
in sein Zimmer und schlägt gegen die Tür.
Zum Glück tri✱t er sie nicht richtig,
denn der Rahmen ist eh schon ganz kru✱.

Heft 2, S. 37 ③
brüllt → brüllen
…

4 Besprecht die richtige Schreibweise.
Schreibt den Text auf.

Peters Hu✱d (n/nn) be✱t (l/ll) he✱tig (f/ff).
Er ta✱zt (n/nn) wi✱d (l/ll) um mich herum.
Er schna✱t (p/pp) nach der Wu✱st (r/rr).
Dabei klä✱t (f/ff) er i✱er (m/mm) lauter.

Heft 2, S. 37 ④
Peters Hund …

müssen
können
hoffen
wissen

Schlüssel
Messer
Kuss
Nuss

6 Wörter mit tz und z unterscheiden

1

Nach einem kurzen Selbstlaut (Vokal) steht nicht zz, sondern **tz**: die Katze.
Nach einem langen Selbstlaut (Vokal) steht nur **z**: die Kapuze.
Nach Zwielauten steht nur **z**: heizen, der Kauz.
Direkt **nach anderen Mitlauten** (Konsonanten) steht nur **z**:
das Herz, der Pilz, tanzen.

Merke dir
die Eselsbrücke:
Nach l, n, r, das merke ja,
steht nie tz und nie ck.

2 Mache das **tz** am Wortende durch Verlängern ↪ hörbar.

der Blitz ✱ der Witz ✱ der Schmutz ✱
der Platz ✱ der Autositz ✱ das Netz

Heft 2, S. 38 ②
der Blitz ↪ Blitze

3 Finde immer ein passendes Verb.

STOPP

der Putz ✱ der Besitz ✱ die Verletzung ✱ der Schutz

Heft 2, S. 38 ③
der Putz ↪ putzen ✓

4 Ordne die Wörter in eine Tabelle.
Nimm dazu ein kariertes DIN-A4-Blatt quer.

der Pel☆ ✱ rei☆end ✱ pu☆ig ✱ das Her☆ ✱ schmu☆ig ✱ der Wei☆en ✱
pe☆en ✱ die Schnau☆e ✱ der Kran☆ ✱ fli☆en ✱ das Gewür☆ ✱
die Ka☆e ✱ die Hei☆ung ✱ si☆en ✱ die Wal☆e ✱ pel☆ig ✱ der Pil☆ ✱
kur☆ ✱ die Bre☆el ✱ die Kapu☆e

tz nach kurzem Selbstlaut	z nach langem Selbstlaut	z nach Zwielaut	z direkt nach Mitlauten (l, n, r)
...	...	...	der Pelz

6 Wörter mit ck und k unterscheiden

1

Nach einem kurzen Selbstlaut (Vokal) steht nicht kk, sondern **ck**: das Reck.
Nach einem langen Selbstlaut (Vokal) steht nur **k**: die Luke, die Küken.
Nach Zwielauten steht nur **k**: die Pauke.
Direkt **nach anderen Mitlauten** (Konsonanten) steht nur **k**: der Quark, parken.

2 Schreibe die vier Regeln von oben in dein Heft.
Lasse dazwischen immer zwei Zeilen frei.

Heft 2, S. 39 ②+③
Nach einem kurzen ...

3 Bilde mit den Buchstaben drei Beispielwörter mit **k** oder **ck** zu jeder Regel.

B/b		a					
D/d		e				en	
E/e		i				el	
F/f	l	o		ck		eln	
K/k		u	l			e	
L/l	n					t	
M/m		ei	m			er	ei
N/n	r	ie	n	k		chen	
P/p		au	r			ig	
S/s	p	äu				us	
T/t		eu				s	
W/w							
Sch		ä/ö/ü					

4

Ecke
blicken
aufwecken
entdecken

dreckig
zurück
Schreck
Block

6 Über das eigene Lernen nachdenken

Ergänze deine Lernraupe.

7 Wörter mit s und ß unterscheiden

M

1 Schlage im Wörterbuch nach. Setze **s** oder **ß** ein.
Schreibe die Wörter mit Silbenbögen auf. Markiere das **ß**.

Ho☆e ✱ flei☆ig ✱ Blumenva☆e ✱ Kai☆er ✱
abschlie☆en ✱ Hufei☆en ✱ Le☆ebuch ✱
Kartoffelklö☆e ✱ Seifenbla☆en ✱ drau☆en ✱
☆onne ✱ Urlaubsgrü☆e ✱ Wie☆e ✱ Fü☆e

Heft 2, S. 41 ②

s	ß
Hose	fleißig

2 Schreibe aus der Wörterliste mindestens 15 Wörter mit **ß** auf eine Seite deines Merkwortfächers.

3 Übertrage die Tabelle in dein Heft. Trage die Wörter richtig in die Spalten ein.
Ergänze die Tabelle mit Hilfe des Wörterbuchs.

STOPP

das Geheiß | aufspießen | flößen | der Gruß | wird stoßen | süßen

Nomen	Verb in der Grundform	Verb in der 1. Vergangenheit	Verb in der Zukunft
das Geheiß	heißen	er …	er wird …
…	…	…	…

4

M außen
beißen
bloß
Strauß
Fleiß
Spaß

7 Zusammengesetzte Nomen mit Fugen-s kennen

1 Manchmal steht ein **s als Verbindung** in zusammengesetzten Nomen: Geburtstag.
Diese s-Verbindung wird **Fugen-s** genannt.
Manchmal gibt es zwei Verbindungen: Geburtstagsfest.

2 Bilde zusammengesetzte Nomen mit Artikel.
Markiere das Fugen-s. Kontrolliere durch Silbenbögen.

Heft 2, S. 42 ②
Die Glückssträhne, …

Glück	Hochzeit
Geburt	Einladung
Schaden	Unterricht
Schaf	Einkauf

Karte	Ersatz
Zettel	Strähne
Gäste	Stunde
Käse	Tag

3 Bilde zusammengesetzte Nomen und schreibe sie mit ihrem Artikel auf.

- ein Ei zum Frühstück
- die Handschuhe für schmutzige Arbeit
- eine Taube als Zeichen für den Frieden
- ein Schild im Verkehr
- eine Uhr mit einem kleinen Kuckuck
- die Grüße aus einem Urlaub
- eine Führung im Museum

Heft 2, S. 42 ③
das Frühstücksei, …

4 Bilde jeweils vier eigene Wörter mit Frühling und Geburtstag.

Heft 2, S. 42 ④
Frühlings…, …

7 „das“ und „dass“ unterscheiden

1

So entscheide ich, ob ich nach dem Komma **das** oder **dass** schreibe:
Wenn ich anstelle des zu schreibenden Wortes **dieses**, **jenes** oder **welches** einsetzen kann, schreibe ich **das**:

Das Spiel, **das** / **welches** wir gewonnen haben, war toll.

Kann ich das Wort nicht ersetzen, ist es das **Bindewort dass**:

Es stört mich, **dass** du laut bist.

2 Lest euch abwechselnd die Sätze vor. Prüft und entscheidet, ob ihr **das** oder **dass** einsetzen müsst. Begründet.

a) Ein Barometer ist ein Messinstrument, ___ den Luftdruck misst.
dieses? jenes? welches?

b) Hanna liest am Barometer ab, ___ der Luftdruck steigt.
dieses? jenes? welches?

c) Eine Wetterstation ist ein Gebäude, ___ Messinstrumente enthält.
dieses? jenes? welches?

d) Sven ist sich sicher, ___ der Regen bald aufhört.
dieses? jenes? welches?

e) Ein Sturm zerstörte ein Haus, ___ vor Kurzem gebaut wurde.
dieses? jenes? welches?

f) Ein Thermometer ist ein Messinstrument, ___ die Temperatur anzeigt.
dieses? jenes? welches?

g) Mike ärgert sich darüber, ___ die Wettervorhersage nicht stimmt.
dieses? jenes? welches?

h) Lina befürchtet, ___ ein Gewitter näher kommt.
dieses? jenes? welches?

3 Schreibe die Sätze in dein Heft und setze **das** oder **dass** richtig ein.

Heft 2, S. 43 ③
a) Das Barometer …

7 Über das eigene Lernen nachdenken

Ergänze deine Lernraupe.

8 Strategien wiederholen

[ᴗ] [ϟ] [↪] [M]

Auf einen Blick:

[ᴗ] In Silben gliedern. So vergesse ich keinen Buchstaben: loben.

[ϟ] Ein Ableitungswort finden. So unterscheide ich **ä** und **e** oder **äu** und **eu**: Häschen ϟ Hase, Zäune ϟ Zaun.

[↪] Ein Verlängerungswort finden und weiterschwingen. So finde ich **b** oder **p**, **d** oder **t** oder **g** oder **k** am Wortende: Zwerg → die Zwerge.

[M] Merken oder nachschlagen: Klee, Soße, Mai, Wachs, Handy, …

1 Schreibe die unvollständigen Wörter richtig auf. Die Symbole helfen dir, die passende Strategie anzuwenden.

Heft 2, S. 45 ①
Schullandheim ↪ Länder ✓

Im Schu*lan*heim [ᴗ] [↪] war es ech* [↪] furch*bar. [ᴗ]
Es ga* [↪] t*glich [ϟ] nur Ka*to*eln [ᴗ] [ᴗ] zu e*en [ᴗ].
Mein Be* [↪] war total schmutzi* [↪]. Mich juckt es übera* [↪].
Besti*t [↪] habe ich mir L*se [ϟ] oder Wanzen geholt.

2 Überlege, welche Strategie dir hilft, die markierten Stellen richtig zu schreiben. Ordne zu.

wandern * Ausflug * Vesperpause * draußen * Äste * Tanne * Eichhörnchen * Waldweg * Bäume * häufig * Fuchs * Förster * Jäger * Reh * nass

Heft 2, S. 45 ②
[ᴗ]: Tanne, …
[ϟ]: Äste, …
[↪]: …
[M]: …

8 Die richtige Schreibweise finden

1 Prüfe die Länge des Selbstlautes und ergänze die fehlenden Buchstaben. Schreibe die Texte auf.

Heft 2, S. 46 ①
a) Besonders schlimm … ✓
b) Auch das Bad … ✓
c) Nie wieder … ✓

a) Entscheide: **doppelter** oder **einfacher Mitlaut**?

Denke daran weiterzuschwingen.

Besonders schli✱ (m/mm) fand ich das E✱en (s/ss). Die Su✱e (p/pp) war tota✱ (l/ll) versalzen und man ko✱te (n/nn) kaum erke✱en (n/nn), woraus sie bestand. Mir wurde echt ü✱el (b/bb). Auch das Geschi✱ (r/rr) war ura✱t (l/ll), die Te✱er (l/ll) und Ta✱en (s/ss) ha✱en (t/tt) Macken, die Me✱er (s/ss) waren ro✱tig (s/ss) und die Lö✱el (f/ff) verbo✱en (g/gg).

b) Entscheide: **ck** oder **k**; **tz** oder **z**?

Denke an die **Zwielaute** und die **Eselsbrücke**.

Auch das Bad war gan✱ dre✱ig. Alles war e✱elhaft verspri✱t und der Pu✱ blätterte von der Wand. Die Dusche war ein ein✱iger Wi✱: Sie war so verkal✱t, dass nur ein paar win✱ige Tropfen kamen. Außerdem fun✱tionierte die Hei✱ung nicht, sodass es eiskalt war.

c) Entscheide: **i** oder **ie**?

Ein langes i schreibst du meist ie.

N✱ w✱der w✱ll ✱ch ✱n d✱ses Schullandheim! Es war w✱rklich schl✱mm. Aber v✱lleicht w✱ssen d✱ anderen K✱nder ein besseres Reisez✱l.

2 Finde in jeder Wortfamilie ein Kuckucksei.

Der **Wortstamm** bleibt meist gleich.

Heft 2, S. 46 ②
löblich, …

die Belohnung ✱ der Lohn ✱ löblich ✱ es lohnt sich ✱ entlohnen
fühlen ✱ gefühlvoll ✱ das Gefühl ✱ die Erfüllung ✱ fühlbar
die Sonne ✱ sonnig ✱ sonderbar ✱ das Sonnensystem ✱ Sonntag
der Reiseführer ✱ entführen ✱ die Vorführung ✱ fürstlich ✱ verführen

8 Einen Text verbessern

1 Lies den Text und verbessere die markierten Wörter.

a) Sprich in Silben und finde so die Tippfehler (verdrehte oder fehlende Buchstaben) in den markierten Wörtern. Schreibe sie richtig auf.

b) Schlage die übrigen markierten Wörter nach und schreibe sie richtig auf.

Heft 2, S. 47 ①
das Lieblingsbuch, ...

Heute möchte ich euch mein Lieblingbuch vorstellen. Es heißt: „Anton taucht ab“ von Milena Baisch. Mir hat das Buch so gut gefallen, weil es lustig ist und weil mir Anton, der immer nur so coul tut, eigentlich sympatisch ist. In dem Buch erzählt Anton eine Abenteurheldengeschichte von sich selbst.

Anton, der am liebsten Actionfilme guckt oder im Internet surrft, fährt mit seinen Großeltern in den Urlaub auf den Campingplatz. Dort angekommen, entdeckt er die Kathastrophe: weit und breit kein Swimmingpool, dafür ein Ekelsee voller Schlinkpflanzen. Die erste Begegnug mit den Kindern vom Steeg verläuft dann auch weniger gut. Marie ist ja noch ganz nett. Aber schnell wird klar, dass der ältere Junge mit der Pudelfriesur Ärger macht.

Nix mit Auschlafen und Weiterträumen von spannenden Misionen als Kampfpillot oder von Massenkarambolagen, nein, Angeln mit Opa ist angesagt. Zum Schein geht Anton darauf ein, findet das Ganze aber total eklig. Dann fängt Opa einen zu kleinen Fisch. Einen Barsch. Als Opa den Fisch als Köder für den nächsten Tag vewenden will, prottestiert Anton, denn er hat sich mit „Piranha“ angefreundet. Und so erkundet Anton gemeinsam mit Piranha, den er in einem Gurkenglas auf seinen fernegsteuerten Gelendewagen geschnallt hat, den Campingplatz und zeigt dem Fisch die Welt der Menschen ...

→ AH Seite 60

8 Strategien finden und Regeln anwenden

M

1 Wendet euer Wissen an.

a) Findet zu den Wörtern mit den blauen Buchstaben eine Strategie, die euch hilft, die Wörter an der blauen Stelle richtig zu schreiben. Schreibt das Symbol und das Wort auf.

b) Schreibt zu den Wörtern mit den roten Buchstaben einen Tipp, eine Eselsbrücke oder eine Regel auf, die euch hilft, die Wörter an der roten Stelle richtig zu schreiben.

Heft 2, S. 48 ①
a) [Symbol]: die Formeln
[M]: der Saal
…
b) der Widerschein =
Nomen schreibe ich groß.
…

Der Widerschein des grünen Feuers zuckte über die Berge von alten und neuen Büchern, in denen all die Formeln und Rezepte standen, die Irrwitzer für seine Experimente brauchte. Aus den dunklen Ecken des Saales blinkten geheimnisvoll Retorten, Gläser, Flaschen und spiralige Röhren, in denen Flüssigkeiten aller Farben stiegen und fielen, tropften und dampften. Außerdem gab es Computer und elektrische Geräte, an denen fortwährend winzige Lämpchen flimmerten. In einer finsteren Nische schwebten geräuschlos und beständig rot und blau leuchtende Kugeln auf und nieder und in einem kristallenen Behälter wirbelte Rauch, der sich in gewissen Abständen zur Form einer glimmenden Gespensterblume zusammenzog.

Michael Ende

2 Finde im Text drei Merkwörter mit langem i.

Heft 2, S. 48 ②
der Widerschein, …

3 Finde im Text das eine Fremdwort, das anders geschrieben wird, als du es sprichst.

Heft 2, S. 48 ③
…

8 Rechtschreibfehler verbessern

◡◡ ↯ ↪ M

1 Ordne den Wörtern die passenden Symbole zu.
Schreibe sie richtig auf.

Im Wald und an Wiesenr*ndern ka*st du
Wil*früchte finden. ↪ ↪ ↯

Die Hagebu*e ist die Fruch*
der Wil*rose. ↪ ◡◡ ↪

Diese kna*rote B*re ke*t jedes Kin*. ↪ ↪ ↪ M

Hast du daraus auch schon einmal Juckpul*er hergeste*t? M ↪

Heft 2, S. 49 ①
a) Wiesenränder ↯ Rand
kannst ↪ können
...
b) ...

2 In diesem Text sind die Fehler schon markiert.
Schreibe ihn fehlerfrei ab.
Lass dabei immer eine Zeile frei.
Schreibe die Begründung für die richtige
Schreibweise in die leere Zeile darüber.

Heft 2, S. 49 ②
(Nomen = groß)
Im Oktober schallt lautes ... ✓

Im oktober schallt lautes Gebrül durch die Wälder. Das sind die Männlichen Hische.
Sie wollen damit die Weipchen beeindruken. Außerdem soll das geschrei die
anderen Hirschmenner vertreiben.

3 Dieser Text enthält viele Fehler.
Schreibe ihn fehlerfrei auf.

Heft 2, S. 49 ③
Bei unserem Waldspaziergang ... ✓

Bei unserem Waltspaziergang treffen |
wir heufig den Föster. Er nimt sich | | |
immer viel zeit. Gerne beantwortet |
er unser Fragen oder gipt uns Tipps. | |
heute want er uns vor dem sturm. | | |
Dabei können Morsche Äste |
abrechen und herunterfallen. |

4

Über das eigene Lernen nachdenken

Ergänze deine Lernraupe.

A a

der **Abend**, die Abende ↪
aber
ab|küh|len, es kühlte ab M
das **Abon|ne|ment**, die Abonnements M
ähn|lich M
al|lein
das **Al|pha|bet**, die Alphabete M
an|ders
der **An|fang**, die Anfänge ⚡
an|fan|gen, er fing an
die **Angst**, die Ängste ⚡
ängst|lich ⚡
är|gern, sie ärgerte M
der **Arzt**, die Ärzte ⚡
die **Ärz|tin**, die Ärztinnen ⚡
auf|merk|sam
auf|räu|men, er räumte auf ⚡
auf|we|cken, sie weckte auf
au|ßen M

B b

das **Ba|by**, die Babys M
ba|cken, er buk oder er backte
der **Bä|cker**, die Bäcker ⚡
die **Bä|cke|rin**, die Bäckerinnen ⚡
die **Bahn**, die Bahnen M
bald
bau|en, sie baute
die **Bee|re**, die Beeren M
be|gin|nen, es begann
das **Bei|spiel**, die Beispiele
bei|ßen, er biss M
be|loh|nen, sie belohnte M
be|ob|ach|ten, sie beobachtete
be|quem M
be|reits
der **Be|ruf**, die Berufe
bes|ser
be|stimmt
das **Bett**, die Betten ↪
be|vor M
die **Bi|blio|thek**, die Bibliotheken M
bie|gen, er bog
biss|chen
blei|ben, sie blieb
der **Blick**, die Blicke
bli|cken, er blickte
blind ↪
blin|ken, er blinkte
der **Blitz**, die Blitze
blit|zen, es blitzte
der **Block**, die Blöcke
bloß M
boh|ren, sie bohrte M
das **Boot**, die Boote M
bo|xen, er boxte M
der **Brand**, die Brände ↪ ⚡
brav M
bren|nen, es brannte
die **Bril|le**, die Brillen
die **Brü|cke**, die Brücken
die **But|ter**

C c

das **Cha|mä|le|on**, die Chamäleons M
die **Ci|ty**, die Citys M
der **Clown**, die Clowns M

D d

dann
die **De|cke**, die Decken
deut|lich
deutsch
Deutsch|land ↪
dick
die|ser
der **Don|ner**
doof M
der **Draht**, die Drähte M ⚡
drau|ßen M
der **Dreck**
dre|ckig
dre|hen, sie drehte
der **Druck**
drü|cken, es drückte
dumm ↪
die **Dumm|heit**, die Dummheiten
dünn ↪
durch
der **Durst**
durs|tig
der **Dy|na|mo**, die Dynamos M

E e

die **Ecke**, die Ecken
eckig
ehr|lich M
ei|gent|lich
ein|zeln
emp|fin|den, sie empfand
ent|de|cken, er entdeckte
ent|fer|nen, er entfernte
die **Ent|fer|nung**, die Entfernungen
ent|ge|gen
ent|wi|ckeln, sie entwickelte
die **Ent|wick|lung**, die Entwicklungen
er|klä|ren, er erklärte ⚡
er|lau|ben, sie erlaubte
die **Er|laub|nis** ↪
er|le|ben, er erlebte
das **Er|leb|nis**, die Erlebnisse ↪
er|näh|ren, sie ernährte M
er|schre|cken, er erschreckte
er|war|ten, sie erwartete
die **Er|war|tung**, die Erwartungen
er|zäh|len, sie erzählte M
die **Er|zäh|lung**, die Erzählungen M
es|sen, er aß M
Eu|ro|pa
ex|plo|die|ren, es explodierte M
ex|tra M

F f

fah|ren, er fuhr [M]
der **Feh|ler**, die Fehler [M]
feh|lerfrei [M]
die **Fe|ri|en**
fern|se|hen, er sah fern
der **Fern|se|her**, die Fernseher
fer|tig
fett [↪]
das **Fett**, die Fette [↪]
feucht
die **Feuch|tig|keit**
das **Feu|er**, die Feuer
die **Fich|te**, die Fichten
der **Fleiß** [M]
flei|ßig [M]
flie|ßen, es floss [M]
das **Flug|zeug**, die Flugzeuge [↪]
der **Fluss**, die Flüsse [↪]
die **Flüs|sig|keit**, die Flüssigkeiten
frei
die **Frei|heit**, die Freiheiten
fres|sen, sie fraß
der **Frie|den**
fried|lich
frie|ren, er fror
fröh|lich [M]
die **Fröh|lich|keit** [M]
der **Frosch|laich** [M]
früh
der **Fuchs**, die Füchse [M]
füh|len, sie fühlte [M]
füh|ren, er führte [M]

G g

der **Gar|ten**, die Gärten [↯]
ganz
das **Ge|bäu|de**, die Gebäude [↯]
die **Ge|burt**, die Geburten
der **Ge|burts|tag**, die Geburtstage [↪]
die **Ge|fahr**, die Gefahren [M]
gefähr|lich [M]
das **Ge|fühl**, die Gefühle [M]
ge|gen
ge|heim
das **Ge|heim|nis**, die Geheimnisse
ge|hen, sie ging
die **Ge|mein|de**, die Gemeinden
ge|nug
das **Ge|päck** [↯]
der **Ge|ruch**, die Gerüche
das **Ge|schäft**, die Geschäfte [M]
ge|sche|hen, es geschah
das **Ge|schenk**, die Geschenke
das **Ge|setz**, die Gesetze [↪]
das **Ge|wächs**, die Gewächse [M]
ge|win|nen, er gewann
das **Ge|wit|ter**, die Gewitter
gie|ßen, sie goss [M]
der **Glanz**
glän|zen, es glänzte [↯]
das **Glas**, die Gläser [↯]
glatt [↪]
das **Glück**
glück|lich
glü|hen, er glühte
der **Gott**, die Götter [↪]
grei|fen, sie griff
der **Gruß**, die Grüße [M]
grü|ßen, sie grüßte [M]

H h

ha|ben, er hatte
der **Hai**, die Haie [M]
das **Han|dy**, die Handys [M]
hän|gen, es hing / er hängte [↯]
hart
der **Hau|fen**, die Haufen
häu|fig [↯]
hei|ßen, sie hieß [M]
hei|zen, er heizte
die **Hei|zung**, die Heizungen
her|stel|len, sie stellte her
die **Her|stel|lung**
hier
die **Hit|ze**
das **Hob|by**, die Hobbys [M]
hof|fen, er hoffte
hof|fent|lich
die **Hö|he**, die Höhen
hohl [M]
die **Höh|le**, die Höhlen [M]
der **Hub|schrau|ber**, die Hubschrauber
der **Hun|ger**
hung|rig
der **Hy|drant**, die Hydranten [M]

I i

die **Idee**, die Ideen [M]
im|mer
imp|fen, sie impfte
die **Imp|fung**, die Impfungen
die **In|for|ma|ti|on**, die Informationen
in|for|mie|ren, er informierte
in|te|res|sant
das **In|te|res|se**, die Interessen
das **In|ter|view**, die Interviews [M]

J j

ja|gen, sie jagte
das **Jahr**, die Jahre [M]
je|mand
jetzt
die **Ju|gend**
ju|gend|lich
jung

K k

der **Kaf|fee** [M]
der **Kä|fig**, die Käfige [M]
der **Kai**, die Kais [M]
der **Kai|ser**, die Kaiser [M]
der **Kamm**, die Kämme [↯] [↪]

käm|men,
er kämmte ⚡ ↪
kann, sie konnte ↪
ken|nen, er kannte
die **Kie|fer,** die Kiefern
das **Ki|lo|gramm** M
klar
klä|ren, sie klärte ⚡
klet|tern, er kletterte
klug ↪
der **Kom|pass,**
die Kompasse ↪
kön|nen, sie konnte
die **Kraft,** die Kräfte ⚡
kräf|tig ⚡
krank
das **Kran|ken|haus,**
die Krankenhäuser ⚡
krat|zen, er kratzte
die **Kreu|zung,** die Kreuzungen
krie|chen, sie kroch
der **Krieg,** die Kriege ↪
kühl M
küh|len, er kühlte M
die **Kur|ve,** die Kurven M
kurz
der **Kuss,** die Küsse ↪

L l

lä|cheln, er lächelte ⚡
das **La|chen**
das **Land,** die Länder ↪ ⚡
lang
lang|sam
der **Lärm** M
las|sen, sie ließ
das **Laub**
der **Leh|rer,** die Lehrer M
die **Leh|re|rin,**
die Lehrerinnen M
letz|ter
leuch|ten, es leuchtete
das **Lied,** die Lieder ↪
lie|gen, sie lag
die **Li|nie,** die Linien M
links M

der **Löf|fel,** die Löffel
die **Luft,** die Lüfte
lus|tig

M m

das **Mäd|chen,**
die Mädchen M
der **Mag|net,** die Magnete
der **Mais** M
manch|mal
das **Mär|chen,** die Märchen M
die **Ma|schi|ne,**
die Maschinen M
das **Maß,** die Maße M
die **Ma|yon|nai|se,**
die Mayonnaisen M
das **Me|di|um,** die Medien
das **Meer,** die Meere M
mehr M
mes|sen, er maß
das **Mes|ser,** die Messer
die **Mie|te,** die Mieten
die **Mi|nu|te,** die Minuten M
der **Mit|tag** ↪
mit|tags
die **Mit|te**
mi|xen, sie mixte M
das **Moos,** die Moose M
der **Mor|gen,** die Morgen
mor|gens
der **Müll**
das **Mu|se|um,** die Museen
müs|sen, er musste
mu|tig
die **Müt|ze,** die Mützen

N n

nächs|ter M
nachts
nah
die **Nä|he**
nä|hen, er nähte
die **Nah|rung** M
nass ↪
die **Näs|se**

die **Na|tur**
na|tür|lich
neh|men, sie nahm M
nichts
nie|mals
nie|mand
noch
die **Num|mer,** die Nummern
nun
nur
die **Nuss,** die Nüsse ↪
nüt|zen, es nützt
nütz|lich

O o

ob
oben
oder
of|fen
oft
oh|ne M
der **Ort,** die Orte

P p

das **Paar,** die Paare M
paar M
das **Päck|chen,**
die Päckchen ⚡
pa|cken, er packte
das **Pa|ket,** die Pakete
die **Par|ty,** die Partys M
der **Pass,** die Pässe ↪ ⚡
pas|sen, es passte
die **Pfan|ne,** die Pfannen
das **Pferd,** die Pferde ↪
der **Pilz,** die Pilze
plötz|lich
pri|ma M
das **Pro|gramm,**
die Programme ↪
put|zen, sie putzte
das **Puz|zle,** die Puzzles M
der **Py|ja|ma,** die Pyjamas M
die **Py|ra|mi|de,**
die Pyramiden M

Wörterliste

Qu qu

das **Qua|drat**, die Quadrate M
die **Qual**, die Qualen M
quä|len, er quälte M
der **Qualm** M
das **Quar|tett**, die Quartette M
der **Quatsch** M
die **Quel|le**, die Quellen M
quer M

R r

das **Ra|dio**, die Radios
ra|ten, sie riet
das **Rät|sel**, die Rätsel ⚡
der **Raum**, die Räume ⚡
rechts
das **Reh**, die Rehe ↝
die **Rei|he**, die Reihen
rei|sen, er reiste
rei|ßen, sie riss M
ren|nen, er rannte
die **Re|pa|ra|tur**, die Reparaturen
re|pa|rie|ren, sie reparierte
der **Ret|tungs|dienst**, die Rettungsdienste
rich|tig
rie|chen, es roch
der **Rie|se**, die Riesen
die **Ru|he**
ru|hig
rüh|ren, er rührte M
rund ↝

S s

sam|meln, sie sammelte
die **Samm|lung**, die Sammlungen
schaf|fen, er schuf
der **Schall**
schal|ten, sie schaltete
der **Schal|ter**, die Schalter
scharf
die **Schär|fe**, die Schärfen ⚡
der **Schat|ten**, die Schatten
schie|ben, sie schob
schief
schimp|fen, er schimpfte
schlie|ßen, sie schloss M
der **Schlüs|sel**, die Schlüssel
schme|cken, es schmeckte
der **Schmutz**
schmut|zig
schnei|den, er schnitt
schon
der **Schreck**
schreck|lich
schüt|teln, sie schüttelte
der **Schutz**
schüt|zen, er schützte
schwei|gen, sie schwieg
schwie|rig
die **Schwie|rig|keit**, die Schwierigkeiten
schwim|men, er schwamm
schwit|zen, sie schwitzte
der **See**, die Seen M
sehr M
selbst
set|zen, er setzte
sit|zen, sie saß M
das **Skate|board**, die Skateboards M
die **Skiz|ze**, die Skizzen M
skiz|zie|ren, er skizzierte M
spa|ren, sie sparte
der **Spaß**, die Späße M
spät M
der **Spa|zier|gang**, die Spaziergänge ⚡
der **Spie|gel**, die Spiegel
spie|geln, es spiegelte
spitz ↝
die **Spit|ze**, die Spitzen
die **Stadt**, die Städte
der **Stamm**, die Stämme ↝ ⚡
stark
stär|ken, er stärkte
der **Start**, die Starts
die **Start|bahn**, die Startbahnen
das **Steu|er**, die Steuer
steu|ern, sie steuerte
der **Stiel**, die Stiele
der **Stift**, die Stifte
die **Stil|le** ↝
stim|men, es stimmte ↝
der **Stoff**, die Stoffe ↝
sto|ßen, er stieß M
der **Strand**, die Strände ↝ ⚡
die **Stra|ße**, die Straßen M
der **Strauß**, die Sträuße M
der **Streit**
strei|ten, sie stritt
der **Strom**, die Ströme
strö|men, es strömte
das **Stück**, die Stücke
der **Stuhl**, die Stühle M
der **Sturm**, die Stürme
stür|misch
süß M
die **Sü|ßig|keit**, die Süßigkeiten M

T t

der **Tag**, die Tage ↝
der **Tai|fun**, die Taifune M
die **Tan|ne**, die Tannen
tan|zen, sie tanzte
die **Tas|se**, die Tassen
tau|send ↝
das **Ta|xi**, die Taxis M
die **Tech|nik**, die Techniken
der **Ted|dy**, die Teddys M
der **Tel|ler**, die Teller
die **Tem|pe|ra|tur**, die Temperaturen
der **Text**, die Texte M
das **The|a|ter**, die Theater M
das **Ther|mo|me|ter**, die Thermometer M
tief
die **Tie|fe**, die Tiefen
der **Ti|ger**, die Tiger M
trai|nie|ren, er trainierte M

die **Trä|ne,** die Tränen [M]
der **Traum,** die Träume [⚡]
träu|men, sie träumte [⚡]
trau|rig
tref|fen, er traf
treu
tro|cken
trotz|dem

U u

über
über|all
über|que|ren, er überquerte [M]
die **Uhr,** die Uhren [M]
um|keh|ren, sie kehrte um [M]
um|rüh|ren, er rührte um [M]
der **Un|fall,** die Unfälle [↪]
der **Un|fall|ort,** die Unfallorte [↪]
un|ge|fähr [M]
un|ter
der **Un|ter|richt**
der **Ur|laub,** die Urlaube [↪]

V v

die **Va|se,** die Vasen [M]
das **Verb,** die Verben [M]
ver|bie|ten, sie verbot [M]
ver|brau|chen, er verbrauchte [M]
ver|bren|nen, es verbrannte [M]
die **Ver|bren|nung,** die Verbrennungen [M]
der **Ver|ein,** die Vereine [M]
ver|ei|nen, er vereinte [M]
ver|ges|sen, sie vergaß [M]
der **Ver|kehr,** die Verkehre [M]
der **Ver|kehrs|un|fall,** die Verkehrsunfälle [M]
ver|let|zen, er verletzte [M]
der **Ver|letz|te,** die Verletzten [M]
die **Ver|let|zung,** die Verletzungen [M]
ver|lie|ren, sie verlor [M]
ver|pa|cken, er verpackte [M]
die **Ver|pa|ckung,** die Verpackungen [M]
ver|schmut|zen, er verschmutzte [M]
die **Ver|schmut|zung,** die Verschmutzungen [M]
ver|ste|cken, er versteckte [M]
ver|ste|hen, sie verstand [M]
ver|wech|seln, sie verwechselte [M]
viel|leicht [M]
voll [M]
voll|stän|dig [M]
vor|bei [M]
die **Vor|fahrt** [M]
vor|ges|tern [M]
der **Vor|mit|tag,** die Vormittage [M]
die **Vor|sicht** [M]
vor|sich|tig [M]
vor|wärts [M]

W w

wach|sen, es wuchs [M]
die **Wahl,** die Wahlen [M]
wäh|len, er wählte [M]
wäh|rend [M]
der **Wald,** die Wälder [↪] [⚡]
die **Wand,** die Wände [↪] [⚡]
das **Was|ser**
wech|seln, sie wechselte [M]
we|cken, er weckte
der **We|cker,** die Wecker
Weih|nach|ten
wel|che
die **Welt,** die Welten
wenn
wer|den, es wurde
wich|tig
wie
wie|der
wie|gen, sie wog
wild [↪]
der **Wind,** die Winde [↪]
win|ken, er winkte
wis|sen, sie wusste
woh|nen, er wohnte [M]

X x

das **Xy|lo|phon,** die Xylophone [M]

Y y

der **Yak,** die Yaks [M]
der **Ye|ti,** die Yetis [M]
das **Yo|ga** [M]

Z z

die **Zahl,** die Zahlen [M]
zäh|len, er zählte [M]
der **Zeh,** die Zehen
zeich|nen, sie zeichnete
die **Zeit,** die Zeiten
die **Zei|tung,** die Zeitungen
das **Zeug|nis,** die Zeugnisse [↪]
zie|hen, er zog
das **Ziel,** die Ziele
zie|len, sie zielte
zu|frie|den
die **Zu|kunft**
zu|künf|tig
zu|letzt
zu|rück
der **Zy|lin|der,** die Zylinder [M]

Einsterns Schwester 4

Themenheft 2
Richtig schreiben

Herausgegeben von:	Roland Bauer, Jutta Maurach
Erarbeitet von:	Wiebke Gerstenmaier, Sonja Grimm
Fachliche Beratung exekutive Funktionen:	Dr. Sabine Kubesch, INSTITUT BILDUNG plus, im Auftrag des ZNL TransferZentrum für Neurowissenschaften und Lernen, Ulm
Begutachtung:	Katrin und Peter Bertram (Mühlenbeck), Maire Büntemeyer (Syke), Angelika Fischer (Weiterstadt), Claudia Hoeschen (Kappeln), Sybille Maier-Alvarez del Cid (Achern), Julia Schäfer (Gießen)
Redaktion:	Sabine Gerber, Mirjam Löwen
Illustration:	Yo Rühmer, Frankfurt am Main
Umschlaggestaltung:	Cornelia Gründer, agentur corngreen, Leipzig
Layout und technische Umsetzung:	lernsatz.de

fex

fex steht für *Förderung exekutiver Funktionen.* Hierbei werden neueste Erkenntnisse der kognitiven Neurowissenschaft zum spielerischen Training exekutiver Funktionen für die Praxis nutzbar gemacht. **fex** wurde vom **ZNL TransferZentrum für Neurowissenschaften und Lernen** (www.znl-ulm.de) an der Universität Ulm gemeinsam mit der **Wehrfritz GmbH** *(www.wehrfritz.com)* ins Leben gerufen. Der Cornelsen Verlag hat in Kooperation mit dem ZNL ein Konzept für die Förderung exekutiver Funktionen im Unterrichtswerk *Einsterns Schwester* entwickelt.

www.cornelsen.de

Aus didaktischen Gründen wurden Texte gekürzt/bearbeitet.

2. Auflage, 3. Druck 2021

Alle Drucke dieser Auflage sind inhaltlich unverändert
und können im Unterricht nebeneinander verwendet werden.

ISBN 978-3-06-083580-5 (Themenheft Leihmaterial)
ISBN 978-3-06-084246-9 (E-Book Einsterns Schwester 4 Leihmaterial)

Dieses Heft ist Bestandteil des Pakets „Einsterns Schwester 4“ (ISBN 978-3-06-083578-2) und kann auch einzeln bestellt werden.

Inhalt gedruckt auf säurefreiem Papier aus nachhaltiger Forstwirtschaft.

Einsterns Schwester

4

Themenheft 3

Texte planen und schreiben

Herausgegeben von
Roland Bauer, Jutta Maurach

Erarbeitet von
Katrin Baudendistel, Daniela Dreier-Kuzuhara

Cornelsen

Inhaltsverzeichnis

Lernportion 1

Kreatives Schreiben fördern

- Zu den Anfangsbuchstaben des Namens schreiben ... 5
- In einem Text Wörter mit K/k ersetzen ... 6
- Einen Text verschlüsseln ... 7
- Das Vortragen üben ... 8
- Eine Geschichte gemeinsam entwickeln ... 9
- Über das eigene Lernen nachdenken ... 10

Lernportion 2

Andere schriftlich informieren

- Merkmale einer E-Mail kennenlernen ... 11
- Anredepronomen finden und unterscheiden ... 12
- Abkürzungen entschlüsseln ... 13
- Berichte kennenlernen ... 14
- Berichte kennenlernen ... 15
- Einen Bericht überarbeiten ... 16
- Über das eigene Lernen nachdenken ... 17

Lernportion 3

Erlebnisse erzählen

- Eine Erlebnisgeschichte planen ... 18
- Eine passende Überschrift finden ... 19
- Eine Geschichte szenisch spielen ... 20
- Den Höhepunkt erkennen ... 21
- Lebendig erzählen ... 22
- Gefühle zuordnen ... 23
- Eine Erlebnisgeschichte schreiben ... 24
- Über das eigene Lernen nachdenken ... 25

Lernportion 4

Gegenstände genau beschreiben

- Einen Gegenstand beschreiben ... 26
- Treffende Wörter finden ... 27
- Gegenstände unterscheiden ... 28
- Eine Anzeige schreiben ... 29
- Eigene Texte kontrollieren und veröffentlichen ... 30
- Beschreibungen miteinander vergleichen ... 31
- Über das eigene Lernen nachdenken ... 32

Lernportion 5
Inhalte zusammenfassen
Eine Zusammenfassung kennenlernen 33
Die Zeitform einer Zusammenfassung beachten 34
Eine Fabel szenisch spielen und zusammenfassen 35
Eine Zusammenfassung zu einem Märchen schreiben 36
Eine Zusammenfassung überprüfen 37
Über das eigene Lernen nachdenken 38

Lernportion 6
Fantasiegeschichten schreiben
Eine Fantasiegeschichte schreiben 39
Den Hauptteil aus einer Sichtweise schreiben 40
Einen Schluss schreiben 41
Fantasiegeschichten anregen 42
Eine Geschichte weiterschreiben 43
Über das eigene Lernen nachdenken 44

Lernportion 7
Handlungen beschreiben
Den Aufbau einer Spielanleitung kennenlernen 45
Das Internet als Informationsquelle nutzen 46
Eine Mindmap zu einem Spiel erstellen 47
Eine Spielanleitung überarbeiten 48
Ein Lola-Spiel entwerfen 49
Über das eigene Lernen nachdenken 50

Lernportion 8
Gedichte schreiben
Verschiedene Gedichtarten erkennen 51
Spielerisch ein Gedicht verfassen 52
Ein Rondell schreiben 53
Ein Schneeballgedicht schreiben 54
Über das eigene Lernen nachdenken 55

So kannst du mit den Heften arbeiten

Du machst alle
Seiten der Lernportion 1.

Zuerst im grünen Heft.	Dann im roten Heft.	Dann im gelben Heft.	Und dann im blauen Heft.

Danach machst du in
allen Heften die Lernportion 2.

Nun machst du in
allen Heften die Lernportion 3.

Genauso bearbeitest du
alle anderen Lernportionen.